AF563737

NOTICE

SUR

LATOUR D'AUVERGNE;

PAR J. B. ROUX.

Noscere provinciam, nosci exercitui, discere à peritis, sequi optimos, nihil appetere jactatione, nihil ob formidinem recusare.

(*Tacitus, Julii Agricolæ vitâ.*)

A PARIS,

Chez BERNARD, Libraire, quai des Augustins, n°. 31.

2 THERMIDOR AN 8.

NOTICE

SUR

LATOUR D'AUVERGNE,

Premier Grenadier de la République française.

LATOUR D'AUVERGNE, né en 1743, à Carrhais, petite ville du Finistère, mort au champ d'honneur dans sa cinquante-septième année, est un des hommes dont les vertus civiques et guerrières ont illustré le plus le berceau de la République française et la fin du dix-huitième siècle. Déjà l'histoire s'est emparée des principaux événemens de sa vie : il en est d'autres qu'il raconta quelquefois dans les épanchemens de l'amitié ; d'autres qu'il couvrait d'un voile, mais que les malheureux ont publiés en répandant des larmes sur sa mort : tous méritent d'être recueillis et de vivre dans le souvenir des Français.

Latour d'Auvergne entra en 1767 dans les Mousquetaires, et quelques mois après il obtint une sous-lieutenance dans le régiment d'Angoumois. La carrière des armes convenait à ses penchans : observateur de la discipline, dont il devait l'exemple aux soldats; livré à l'étude de la tactique, de la géométrie, de la fortification, de toutes les parties de son art; cherchant, dans l'histoire des grands capitaines, à s'enrichir de leur expérience; mais instruit sans pédantisme et simple sans desirer de le paraître, ce jeune officier avait pour les usages du monde, où il était destiné à vivre, la déférence que l'on attendait de son uniforme et de son âge; il ne négligeait pas les avantages personnels dont la nature l'avait doué, et il croyait que l'on peut être aimable, adopter même un certain vernis de légéreté, ne pas cesser d'être Français, sans être moins utile à son pays. Estimé des hommes instruits, apprécié par les bons militaires, qui savent se deviner entr'eux, il faisait espérer dans l'homme qui savait plaire à la société, celui qui devait aussi l'éclairer et la défendre.

L'étude et le temps fortifiaient son ame, étendaient ses vues ; il sentit que ses obligations envers l'État se multipliaient. Latour d'Auvergne appartenait à l'une des branches de la maison de Turenne ; il vit tout ce que lui imposait de vertus un nom consacré par tant de gloire : il lui semblait que le génie de Turenne veillait sur ses actions, sur ses pensées, et que ce grand homme, désintéressé, loyal, intrépide, l'honneur et l'appui de la France, avait légué aux héritiers de son nom le devoir de le transmettre sans tache à la postérité.

Lorsqu'en 1778 la guerre éclata entre l'Angleterre et les États-unis, son ame ardente et généreuse embrassa la cause d'un peuple révolté contre l'oppression, il envia le sort des Français qui furent envoyés à la défense de l'Amérique ; mais son régiment restait en Europe. Cependant le feu de la guerre gagne l'ancien continent, et l'Espagne, devenue alliée de la France, va opérer une diversion par l'attaque de l'île de Minorque et de Gibraltar. Latour d'Auvergne veut prendre part à cette première expédition ; il obtient de son corps un congé, pour se rendre, comme simple volontaire, sous les murs de Mahon ; il se trouve aux actions les plus périlleuses du siége, partage l'honneur de tous les assauts et celui d'aller sous le feu du canon et de la mousquetterie, brûler une frégate anglaise et un autre bâtiment qui portait des munitions à la place. Un jour il présente au duc de Crillon, qui commandait le siége, un prisonnier qu'il vient de faire sous ses yeux ; dans une autre occasion, il retourne seul sur les glacis où l'on avait combattu, enlève, au milieu d'une grêle de balles, un camarade blessé qui demeurait sans secours, et le rapporte sur ses épaules jusqu'aux avant-postes de l'armée.

Plein d'admiration pour sa valeur, le duc de Crillon le choisit pour commander en second les volontaires dans les rangs desquels il servait ; mais Latour d'Auvergne qui s'était fait une règle de ne pas accepter d'avancement hors de sa patrie, se borne aux fonctions périlleuses et passagères d'aide-de-camp du général. Lorsqu'il est rappelé en France, en 1782, le roi d'Espagne Charles III veut lui conférer, à titre de récompense, l'ordre qui porte son nom : le guerrier sait ce qu'il doit d'égards à un gouvernement allié du sien ; mais il refuse la pension de trois mille francs qui se trouvait attachée à cette décoration militaire.

Déjà à cette époque, Latour d'Auvergne cherchait à rassembler les preuves de son systême sur la gloire des Celtes et sur les traces qu'ils en ont laissées. Les émigrations, les révolutions, les conquêtes ont fait subir tant d'altération aux usages et à la langue de leurs nombreux descendans, qu'on devait difficilement reconnaître leur communauté d'origine ; mais il pensa qu'il pouvait se trouver encore, au milieu des ruines du monde primitif, quelques débris mieux conservés. Le *Brigant* avait prouvé l'identité du bas-breton et du celtique ; c'était rétablir d'une manière authentique la filiation des deux peuples, et montrer qu'elle n'avait subi ni interruption ni mésalliance. Latour d'Auvergne, qui s'empare de cette idée lumineuse, conçoit le plus vaste plan : il veut non seulement porter jusqu'à l'évidence l'antériorité du celtique sur les autres langues, mais encore examiner quels sont les peuples modernes qui, ayant conservé dans une plus grande pureté cet idiôme original, se font remarquer par une plus étroite affinité avec les Bas-Bretons, et nous offrent des monumens vivans de la puissance et des émigrations des Celtes.

De semblables recherches supposaient la connaissance des langues anciennes et modernes, celle des antiquités, des usages et des faits : c'était l'étude de la vie entière : Latour d'Auvergne s'y livra avec ardeur ; il avait ce courage qui fait commencer une grande entreprise, et cette constance qui se roidit contre tous les obstacles.

La révolution le trouva préparé à des principes qui convenaient à la trempe de son ame, à la hauteur de son caractère. Admirateur passionné des anciens, toujours en communication avec eux, il avait puisé dans ce contact habituel l'amour de la liberté, de la patrie, et ces sentimens généreux et désintéressés qui faisaient des héros de l'antiquité les plus grands et les plus simples des hommes.

Aux différentes époques d'une crise politique, dont le cours fut signalé tour à tour par de grandes actions et par les fureurs de tous les partis, Latour d'Auvergne, capitaine de grenadiers, était aux avant-postes; il ne voyait que l'ennemi, et quels que fussent ses regrets sur ceux des événemens intérieurs qu'il ne pouvait approuver, il sentait, avant tout, la nécessité de repousser l'étranger hors du territoire français et d'affermir l'indépendance de sa patrie. Un si pur dévouement ne le mit pas toujours à l'abri de la haine des factions : il fut près d'être atteint par la mesure qui excluait les ci-devant nobles de tous les emplois; mais les grenadiers demandèrent à grands cris leur capitaine; il eût été périlleux de leur répondre par un refus.

Placé à l'avant-garde de l'armée des Alpes, lorsqu'elle fit en 1792 l'expédition de Savoie, il contribua par sa valeur à applanir devant le corps de cette armée tous les grands obstacles de l'invasion.

Les Pyrénées devaient être le principal

théâtre de sa gloire. Rappelé sur cette frontière au moment des hostilités entre la France et l'Espagne, il se présente, avec ses grenadiers, à l'entrée du Val d'Aran où il faut pénétrer. La chute des neiges semblait avoir rendu les passages impraticables : éboulées et entassées dans des gorges étroites, elles étendaient entre les montagnes un long tapis, sous lequel les arbres eux-mêmes se trouvaient ensevelis. Mais des rangs de pionniers, placés en avant de l'armée, battent et affermissent avec de longues rames les dernières couches de la neige : ils avancent, les grenadiers les suivent, et toutes les troupes passent avec intrépidité sur cette voûte périlleuse, qu'un coup de soleil pouvait affaisser. Latour d'Auvergne aimait à raconter ce passage merveilleux ; mais oubliant qu'il l'avait franchi l'un des premiers, il ne parlait que de l'audace de tous les soldats.

Un mois après, ce capitaine se trouvait

avec cent cinquante hommes aux avant-postes, et l'armée se reposait derrière cette poignée de braves, avec une confiance que les ennemis cherchaient à augmenter par leur inaction. Tout à coup, dans l'espérance de surprendre les Français, ils se rassemblent, marchent dans la nuit, et le guerrier, du haut du mamelon où son détachement était placé, découvre, à la pointe du jour, les bataillons espagnols qui couvraient la plaine. *Gardons notre poste ou périssons*, dit-il aux soldats : tous ont répété le même serment. Il unit la ruse au courage; par ses mouvemens, par l'étendue qu'il donne à son front, surtout par son audace, il fait croire son détachement plus nombreux; bientôt ses munitions sont épuisées; mais il fait battre la charge, culbute la cavalerie, soutient les efforts de l'infanterie, et donne aux corps placés en échelons derrière le sien, le temps de se réunir et d'arriver jusqu'à lui.

Ce héros était en possession des postes les plus périlleux. Un château gardé par un détachement ennemi, embarrassait la marche des Français ; Latour d'Auvergne est chargé d'emporter ce fort : quatre-vingt grenadiers le suivent, mais ils n'ont aucune pièce d'artillerie, et les Espagnols sont couverts par d'épaisses murailles, dont le feu le plus vif défend les approches. Les soldats demandaient à voir l'ennemi qu'ils avaient à vaincre ; leur capitaine s'avance à leur tête jusqu'aux meurtrières par où on les foudroie ; ils y engagent le bout de leurs fusils, et croisent le feu des assiégés : dans cette lutte terrible, bientôt ceux-ci ne peuvent se reconnaître ni respirer, au milieu des tourbillons de fumée dont le château s'est rempli ; ils gagnent en désordre les appartemens élevés, poursuivis par la flamme qui s'attache aux lits de paille où ils reposaient, et demandent à se rendre prisonniers. A cette attaque audacieuse, trente grenadiers avaient été blessés.

Ces traits d'héroïsme semblent pris au hasard dans sa vie entière. Latour d'Auvergne fut toujours semblable à lui-même : épiant l'occasion de faire un acte de dévouement, partageant toutes les fatigues des soldats, s'imposant toutes leurs privations ; il s'en faisait aimer par sa vigilance et sa bonté, il obtenait leur confiance par ses lumières, il fermait leurs yeux sur le danger en s'y précipitant le premier. Leur capitaine semblait n'affecter sur eux aucune autorité, tant la sienne était affermie par l'ascendant de sa bravoure et de son caractère ; il avait une de ces ames qui entraînent toutes celles qui les environnent ; il prouva qu'il est des chefs dont les ordres n'ont pas besoin d'être entourés du prestige et de la force d'opinion que leur donne un emploi distingué.

Plusieurs fois on offrit à Latour d'Auvergne le grade de général, il ne voulut être que le capitaine de ces grenadiers avec lesquels il était invincible. C'était une résolution prise au milieu des premiers orages de la révolution : la calomnie, en le voyant tenir à une carrière où les places antérieures à la sienne se dégarnissaient, avait pu lui prêter des vues ambitieuses; pour la forcer au silence, il s'imposa la loi de n'accepter aucun grade. Trop modeste désintéressement, qu'un si pur motif justifie sans doute, mais dont l'exemple pourrait devenir une calamité publique, si peut-être il n'était inimitable.

Ce guerrier vint cependant à remplir, sous le titre auquel il se bornait, les fonctions les plus éminentes. Par une mesure qui, tout en ménageant sa modestie, devenait un hommage pour sa valeur, l'on réunit sous son commandement toutes les compagnies de grenadiers dont il était le plus ancien capitaine, et que leurs exploits, dirigés par lui, firent surnommer la *colonne infernale ;* mais il n'attribuait qu'à l'antériorité de son grade une si honorable préférence ; il semblait repousser sa gloire personnelle, reportait sur ses compatriotes toute celle qu'il avait acquise, et prétendait ne devoir qu'à d'heureux hasards l'honneur d'avoir été remarqué par des hommes qu'il croyait tous capables des mêmes actes d'intrépidité.

L'on sait ce qu'il faut croire de cet usage d'attribuer à la fortune une suite de belles actions. La modestie d'un héros peut bien prendre le change sur la source de sa gloire ; mais l'équité de ses contemporains sait la découvrir ; ils demeurent tous convaincus que le cours des événemens n'entraîne que l'homme qui lui cède sans résistance : c'est pour le vulgaire que les destinées paraissent immuables ; un grand homme fait les siennes, et s'il est quelquefois servi par des circonstances heureuses, plus souvent il les a fait naître.

Les habitans des Pyrénées occidentales n'oublieront jamais celui qui contribua si puissamment à les préserver de l'invasion. Tous les lieux où il combattit, où il campa, sont pleins du souvenir de sa bravoure, de la simplicité de ses mœurs, de son humanité : l'on se vante de les avoir visités, comme si c'était avoir pris part à ses vertus. Latour d'Auvergne n'était redoutable qu'à l'ennemi, et même dans les cantons où il dut porter la guerre, il cherchait à en affaiblir le fléau ; il épargnait les habitans, respectait le malheur du vaincu, protégeait, contre la licence des camps, l'âge, le sexe, la faiblesse, faisait des prisonniers et les soulageait dans ces temps funestes où la guerre à mort était déclarée.

Sa frugalité, le peu de temps qu'il donnait au sommeil rendaient chacune de ses journées plus longue et plus remplie : au lever de l'aurore, on le voyait avec un livre, sa pipe et son sabre, parcourir les postes, exciter la vigilance des sentinelles, observer les mouvemens de l'ennemi. A l'armée il ne s'enrichit que de gloire ; il n'en rapporta qu'un manteau criblé de balles, sur lequel il reposait la nuit, sans quitter ses vêtemens, et qu'à la tête de ses grenadiers il portait sur le bras gauche; c'était dans la mêlée un signal de ralliement, et les soldats se répétaient les uns aux autres ce mot de Henri IV: vous le trouverez toujours au chemin de l'honneur et de la victoire.

Latour d'Auvergne, après la guerre des Pyrénées, espéra trouver dans ses foyers quelques instans de repos et d'obscurité ; mais dans sa traversée de Bayonne à Brest, les Anglais s'emparent du bâtiment qu'il montait : quoiqu'il y fût simple passager, ils le traîtent en prisonnier de guerre, et cet officier transféré dans le comté de Cornouailles, y va donner aux autres prisonniers français l'exemple de la constance, comme il savait donner celui de la valeur. Jusqu'alors l'épreuve du malheur lui avait manqué ; sa vertu, son dévouement à la patrie avaient pu être soutenus par les regards de l'Europe entière : ils résistèrent, ils s'accrurent, au milieu d'une obscure infortune. Privé des nouvelles de la France il célébrait du moins avec ses anciens frères l'anniversaire des victoires passées : un repas de pain et d'eau était alors un festin solemnel, et les voûtes du cachot résonnaient des chants du triomphe. Ses geôliers avaient reçu ordre de le dépouiller de la cocarde tricolore dont il aimait à se parer ; ils n'osèrent jamais l'arracher à Latour d'Auvergne désarmé, mais entouré de sa gloire et invoquant d'une voix menaçante les droits de la captivité.

Cependant, sur le bruit de sa mort, l'on avait nommé en France à son emploi, et ce guerrier, échangé enfin après un an de détention, rapporta dans son pays le titre d'officier réformé. Il aurait pu faire réparer cette erreur, il aima mieux paraître l'oublier.

Son goût pour l'étude, fortifié dans sa prison, était devenu un besoin pour lui : il chercha une campagne, où le voisinage de Paris lui permît de se procurer tous les secours qui jusqu'alors lui avaient manqué, pour perfectionner son ouvrage, sans lui faire perdre les charmes de la solitude. Ce fut à Passy qu'il se retira, au milieu des médailles, des livres, des fleurs et de quelques amis fiers de sa confiance et de son estime.

Sensible à tout ce qui est honnête et grand, il le fut surtout au plaisir de la bienfaisance. L'expérience du monde, le célibat, un âge avancé n'avaient pas desséché son cœur : il reportait sur les malheureux toutes les affections qu'aurait obtenues sa famille : son traitement de réforme et son faible patrimoine étaient devenus le bien des pauvres ; il ne conservait que les moyens de subvenir aux frais d'un appartement modeste, de la table la plus frugale, de l'habillement le plus simple, et il paraissait se réserver dans sa retraite à éprouver de nouveau toutes les privations des camps, où son dévouement à la patrie et à l'amitié allait le rappeler.

L'un de ses compatriotes, le respectable le *Brigant*, l'invitait à faire exempter de la réquisition l'aîné de ses sept enfans, celui dont il pouvait attendre le plus de secours dans ses travaux littéraires et dans sa vieillesse : Latour d'Auvergne ne veut pas priver la France d'un défenseur ; ce n'est point une exemption qu'il sollicite, c'est la faveur de remplacer à l'armée du Rhin ce jeune réquisitionnaire. Il va, confondu dans les rangs des soldats qu'il avait commandés, leur donner l'exemple de cette obéissance passive, qui doit céder aux ordres mêmes qu'elle désapprouve, qui semble exclure toute prétention à une gloire personnelle, met la valeur d'un soldat en commun avec celle de ses frères d'armes et ne le fait briller que de l'éclat qui rejaillit sur tous.

L'estime des généraux sut le reporter sans

cesse aux fonctions élevées dont l'éloignait sa modestie : ils le dispensaient de tout service qui n'était que pénible sans être périlleux ; ils l'appelaient à leurs tables et surtout dans leurs conseils ; mais aux jours du combat, notre guerrier rentrait dans les premiers rangs des grenadiers et n'était plus que leur camarade et leur modèle.

Rendu à sa retraite de Passy, après la signature du traité de Campo-Formio, ce fut alors qu'il publia sur les *Origines gauloises* un ouvrage, où la force des preuves s'unit à la méthode des idées, à la concision du style, et où l'auteur a répandu le genre d'ornemens qui, sans sortir du ton du sujet, pouvait attacher le lecteur. Pour y établir la préexistence du celtique aux autres langues, il le compare non seulement à toutes celles des nations modernes, mais au latin, au grec, au tudesque, à l'hébreu, à d'autres langues orientales, et cherche à démontrer que ses élémens étant plus simples et ses mots moins chargés de syllabes, il est antérieur aux autres idiômes. C'est chez la nation celte qu'il trouve l'origine des usages, des connaissances, du culte des anciens peuples; c'est dans sa langue qu'il reconnaît les noms donnés par la plupart d'entr'eux aux divinités, aux fleuves, aux montagnes, aux grands phénomènes de la nature.

Pour égaler ses moyens à l'étendue de son sujet, Latour d'Auvergne avait fait tourner au profit de son instruction toutes les circonstances de sa vie. Au siége de Mahon, il s'applique à connaître la langue et les mœurs des Espagnols, et à son retour en France il observe les Celtibères que leur nom lui faisait regarder comme des concitoyens; il apprend le basque à Bayonne, qu'il habite plusieurs années : quand, à la tête de l'armée, il pénètre dans la Biscaye, il recherche si les Goths, dont cette province et celle des Asturies furent autrefois le refuge, n'y ont laissé aucune trace de fraternité avec les Celtes : pendant sa captivité en Angleterre, il étudie et parle la langue du pays, s'étonne d'entendre, à l'aide du bas-breton, les habitans du Cornouailles et du comté de Galles, et remarque qu'il est encore avec les Celtes : s'il passe à l'armée du Rhin, il se livre à l'allemand dont il s'était long-temps occupé ; n'est-il plus en contact avec des peuples étrangers, ses livres lui restent et il se trouve encore avec les Grecs, les Orientaux, les Romains.

Ce savant, quand l'Europe l'a perdu, se proposait de lui donner une nouvelle édition de son ouvrage, où la partie des langues comparées devait être plus étendue : il avait alors étudié les principes de vingt deux langues, parlait la plupart de celles de l'Europe, en avait approfondi quelques autres ; l'art merveilleux avec lequel il saisissait leurs analogies et les rattachait à des règles qu'il s'était faites, explique une si féconde intelligence, dans un genre où les souvenirs trop nombreux deviennent si difficiles à classer.

Tout ce qui tenait à la connaissance de l'antiquité entrait dans ses plans d'érudition : il éclairait, l'une par l'autre, la connaissance des langues, celle de la géographie, de l'histoire ancienne et des médailles, dont il avait commencé une collection. Il nous reste de lui une notice intéressante sur la ville de Carrhais, sa patrie, notice où il se plaît à relever tous les traits de patriotisme ou de bravoure qui, en différens siècles, ont honoré ses compatriotes. Plus occupé encore de leur prospérité que de leurs annales, il proposa, il y a quelques années, au ministre de l'intérieur de faire creuser, entre Brest et Carrhais, un canal de navigation, qui aurait servi à l'exploitation des vastes forêts de cette partie du Finistère. Ce serait un beau monument à ériger à sa mémoire. Il rendrait quelque lustre à sa ville natale, en lui ouvrant une source de commerce. On pourrait le décorer d'une colonne simple, sur laquelle la reconnaissance publique aurait inscrit le nom du savant, du héros, de l'excellent citoyen.

Plein de confiance dans les ressources de sa patrie et dans le courage des armées, Latour d'Auvergne aimait à s'occuper des brillantes destinées de la France, à pressentir tout ce que la paix rendrait d'activité au commerce, à l'industrie, aux arts, à tous les genres d'émulation : souvent il se glorifiait d'appartenir à une nation si grande : sa patrie était pour lui le centre de toutes les combinaisons politiques ; il regrettait qu'on n'eût pas donné le nom de république transalpine à celle que le général Bonaparte a créée deux fois : ce nom qui, depuis la remarque de Latour d'Auvergne, serait si bien justifié par la gloire du dernier passage des Alpes, lui paraissait consacrer, mieux que tout autre, la prépondérance de la nation gauloise ; car c'est ainsi qu'il aimait à nommer les Français. Plein des grands souvenirs que les Gaulois avaient laissés sur la terre, il desirait que leurs descendans reprissent ce nom glorieux, et regardait comme un titre d'ancien esclavage celui que le peuple franc n'avait donné à nos ayeux que par le droit de la conquête.

La rupture du traité de Campo Formio vint encore l'arracher aux occupations de sa retraite : la campagne de l'an 7 avait commencé par des revers ; l'épuisement des finances, les agitations intérieures, le délabrement des armées faisaient craindre les plus funestes malheurs. Latour d'Auvergne crut qu'il devait se dévouer de nouveau ; il demande à servir comme grenadier ; on lui laisse le choix de l'armée, il vole à celle d'Helvétie, contre laquelle paraissaient se diriger les plus grands efforts de l'ennemi. Là, tandis que les généraux Massena, Lecourbe, s'apprêtent à venger les désastres de l'Italie, ce guerrier que le hasard avait placé en station à Windisch, colonie romaine, dont le temps à effacé l'éclat, occupe ses loisirs à la recherche des médailles et des monumens : mais le signal des combats l'appelle bientôt sous les murs de Zurich et il se trouve aux combats immortels qui, au commencement de l'an 8, ont délivré l'Helvétie. C'est au milieu de ces sanglantes victoires que l'on aime à se reposer sur quelques actes d'humanité. A la reprise de Zurich, des Russes refusaient de se rendre, ils voulaient, écrasés par le nombre, combattre jusqu'à la mort; Latour d'Auvergne retient le bras des soldats, dont ces malheureux provoquaient la fureur par des injures et il parvient à leur faire accepter la vie.

C'était déjà la dernière année de la sienne; mais ce guerrier, avant de la terminer sur le champ de bataille, devait donner aux citoyens de plus rares exemples, et résister aux plus touchantes séductions de la fortune et de la gloire. L'un de ses parens auquel il avait rendu d'importans services, voulut lui réserver une plus douce vieillesse en lui donnant un Bien situé sur les bords de la Seine; Latour d'Auvergne refuse ; il verrait avec douleur qu'on lui ôtat le mérite d'avoir obligé gratuitement un ami. Le sénat conservateur l'appelle au corps législatif; il croit que sa place n'est marquée qu'au milieu des camps. Un gouvernement qui sait mettre les hommes à leur place, le proclame premier grenadier de la république, et toute la France applaudit; mais il ne veut être que l'émule des braves et il refuse une distinction qui pourrait, dit-il, blesser leur délicatesse et lui faire perdre leur amitié. Le premier Consul lui remet un sabre d'honneur, il croit avoir trop peu fait pour mériter un présent d'un si haut prix. Accablé des dernières faveurs qu'il a reçues, il ne voit plus qu'une mort glorieuse qui puisse les justifier et qui lui serve de refuge contre des distinctions nouvelles. Cependant la vue des périls où il va se précipiter ne lui fait perdre ni la gaîté française, ni la force de l'ame, ni le desir de secourir les malheureux qu'il ne verra plus : lui-même il devient son exécuteur testamentaire et il ne part pour l'armée, le 18 prairial de l'an 8, qu'après avoir payé d'avance une pension de six cents francs, qu'il faisait depuis plusieurs années à une femme respectable et tombée dans l'infortune.

Le 3 messidor, il arriva à l'armée du Danube, commandée par le général Moreau, son compatriote, et son ami ; six jours après il n'était plus, et les officiers et les soldats consternés, contemplaient sur un lit de feuilles de chêne et de laurier, sa dépouille insensible, ses yeux éteints, ses cheveux blancs, souillés de poussière et ce coup de lance qui lui avait percé le cœur.

Ainsi mourut, dans l'invasion de la Bavière, en combattant corps à corps contre les ennemis, le premier grenadier de la république. Pendant trois jours les tambours de l'armée furent voilés d'un crêpe ; son épée est suspendue aux voûtes du temple de Mars qu'il avait embelli de ses trophées ; un monument lui est érigé aux lieux où il reçut la mort, et ses restes déposés au centre de l'Europe, semblent destinés à perpétuer, dans cette partie du monde, le respect que la valeur, les lumières et les vertus doivent inspirer à tous les peuples.

Nota. Quelques-uns des traits rappelés dans cette notice sont déjà connus ; mais ils avaient été présentés sous d'autres points de vue. Placé dans l'alternative ou de ne pas être toujours neuf ou d'inventer l'histoire, j'ai cru que le caractère et la gloire de Latour d'Auvergne m'imposaient sur-tout le devoir d'être véridique : l'imagination aurait-elle pu lui prêter des vertus plus modestes et des actions plus grandes ? Un fragment de la lettre, qu'après avoir été nommé premier grenadier de la république, il écrivit à un ami, avec un abandon de sentiment et d'idées au milieu duquel il se laissa aller à parler de lui, donne lieu de regretter qu'il ait trop rarement fait de si précieuses confidences.

« Je n'eus jamais plus besoin de consolation, écri-
» vait-il, que dans le moment où vous m'adressez des
» félicitations. Quelqu'un qui ne sut compter avec sa
» patrie que pour briguer l'honneur de la servir, et qui

» rangea toujours parmi les choses les plus indifférentes » les éloges et les distinctions, pourrait-il n'être pas » vivement affecté de voir attacher à ses faibles services » un prix aussi énorme, aussi disproportionné? Supé- » rieur aux craintes comme aux espérances, tout me » fait un devoir de m'excuser d'accepter un titre qui, » à mes yeux, ne paraît applicable à aucun soldat fran- » çais, et sur-tout à un soldat attaché à un corps où l'on » ne connut jamais ni premier ni dernier. Je suis trop » jaloux de conserver des droits à l'estime des valeu- » reux grenadiers et à leur amitié, pour consentir à » aliéner de moi leur cœur, en blessant leur délica- » tesse. Les voies où j'ai marché ont toujours été droites » et faciles. J'attendais de mes services (si l'on y atta- » chait un jour quelque prix), un salaire plus conforme » à mes goûts et plus digne d'un homme de guerre; » ou l'oubli, ou que l'on ne s'en rappelât qu'à ma » mort. »

Ces derniers mots auront été recueillis, et le moment n'est que trop tôt arrivé de s'emparer de toutes les actions de ta vie. D'autres l'écriront d'une manière plus digne de toi; mais du moins tes expressions elles-mêmes auront relevé le faible hommage que le respect et la douleur viennent de rendre à ta mémoire.

De l'Imprimerie D'HACQUART, rue Gît-le-Cœur n°. 16.

www.ingramcontent.com/pod-product-compliance
Lightning Source LLC
LaVergne TN
LVHW020309230826
846091LV00006B/2613

* 9 7 8 2 0 1 3 3 8 4 1 9 3 *